新版 スヌーピー  案内 2

PEANUTS GUIDE TO LIFE

Wit and Wisdom from the World's Best-Loved Cartoon Characters

チャールズ・M・シュルツ　谷川俊太郎=訳

by SCHULZ

主婦の友社

新版
スヌーピーたちの人生案内 2

PEANUTS GUIDE TO LIFE

Wit and Wisdom from the World's Best-Loved Cartoon Characters

Peanuts and all related titles, logos and characters
are trademarks of Peanuts Worldwide LLC
© 2022 Peanuts Worldwide LLC.
Printed in Japan

装幀：坂川栄治 ＋ 永井亜矢子（坂川事務所）

TABLE OF CONTENTS

FOREWORD
はじめに

チャーリー・ブラウンが隣に住んでいたらどうだろうと考える
ことがあります。ぼくは野球をしないし、英語も達者じゃ
ありませんから、多分親しい友だちにはなれないだろうと思いま
す。でももし何かのひょうしに、人生相談をもちかけられたらどう
しよう。ぼくは彼の悩みにうまく答える自信がありません。

　スヌーピーが垣根越しにうちの庭に入ってきたら、ぼくはきっと
いそいそとチョコチップクッキーを買ってきて、仲良しになろうと
すると思います。英語でしゃべる必要がないわけだから気楽だし、
彼が本気で作家になりたいのなら、小説はやめて詩を書くように助
言します。彼が空想の世界で世界的な詩人になったら、ぼくは嫉妬
するかもしれませんけど。

　シュローダーとはもちろん音楽の話が尽きないでしょうね。ぼく
がベートーベンの弦楽四重奏・作品130の第5楽章が大好きだと言う
と、彼はやはりベートーベンのピアノ曲を持ち出すと思う、あんま
り重苦しい曲じゃないような気がします。トイ・ピアノの名手（？）
のはずですから、ジャズなんかにも興味があるんじゃないかなあ。

　ライナスはね、物知りでちょっと生意気なんだけど、安心毛布が

ないと不安だという弱みのおかげで愛されてるんでしょうね。彼は大人になったらウッディ・アレンみたいになるんじゃないかと思わせるところがあって、そうならないために、いつまでも子どものままでいてほしいとぼくは思っています。

ルーシーの「心の相談室」ははじめのうちは、日本にはそぐわない感じがしていたんですが、だんだん心を病む人が増えてきて、いまでは当たり前みたいに受け取られているんではないでしょうか。ルーシー独特の一刀両断の回答は心理学的には疑問でも、ときに心のもやもやを吹き飛ばすような迫力があって好きです。

ペパーミント パティはいつか結婚して肝っ玉おっかあになりそう、マーシーは将来国連あたりで活躍しそうですね。でもそうなってしまってはつまらない、などと「ピーナッツ」の子どもたちの未来を考えると、自然にこの子たちの親はどうしてるんだろうと思うんですが、大人がほとんど登場しないところにこのコミックの深みがあるのではないかと思います。大人の世界は子どもたちの意識下深く隠されている、そんなふうにぼくは考えています。

「ピーナッツ」の誰が一番好きかと問われることがよくあります。ぼくはみんな好きですが、中でもウッドストックはちょっと特別、人語をしゃべらず、行動で自分を表現するのが最高。

谷川俊太郎

Life Philosophy
人生

ぼくには新しい哲学が
あるんだ…
"人生はゴルフコース
なり"

そして "いたるところ
にバンカーあり" さ

"THE SECRET OF LIFE IS
TO BE OBSERVANT..."

Sally

"人生の秘訣は注意深くすることにあるのね"

サリー

"SORRY. . . YOU'LL NEVER CONVINCE ME
THAT THERE'S MORE TO LIFE
THAN CHOCOLATE CHIP COOKIES. . ."

Snoopy

"悪いね…でもチョコチップ・クッキーに勝るものが
人生にあるとは思えないよ…"

スヌーピー

"LIFE IS FULL OF CHOICES, BUT YOU NEVER GET ANY!"

Linus

"人生にはいろんな選択があるのに
選択できたためしがないんだ！"

ライナス

"OUR GOAL IN LIFE
SHOULD BE TO BECOME MATURE
IN ALL THINGS..."

Linus

"人生のゴールは何ごとについても
大人になることさ…"

ライナス

"WHY IS EVERYTHING IN LIFE SO HARD?"

Rerun

"どうして人生ってなんでも難しいのかな？"

リラン

Life Lesson
教 訓

いつも思うんだけど、どれが一番の
万能選手なんだろう…バスケットボ
ール、ホッケー、フットボール、サ
ッカー…

ボーダー・コリーさ！

"THE RAIN FALLS ON THE JUST
AND THE UNJUST."

Charlie Brown

"雨は正しい者にも不正な者にも降る"

チャーリー・ブラウン

"YESTERDAY I WAS A DOG...
TODAY I'M A DOG..."

Snoopy

"きのうボクは犬だった…きょうもボクは犬だ…"

スヌーピー

"YOU CAN CHOOSE YOUR FRIENDS,
BUT YOU CAN'T CHOOSE YOUR RELATIVES."

Charlie Brown

"友だちはえらべるけど、親類縁者はえらべない"

チャーリー・ブラウン

"NO PROBLEM IS SO BIG OR
SO COMPLICATED THAT
IT CAN'T BE RUN AWAY FROM!"

Linus

"どんな問題も逃げきれないほど大きかったり
むずかしかったりはしない！"

ライナス

"IF YOU EXPECT NOTHING,
  YOU GET NOTHING. . ."

Snoopy

"何も期待しなければ、何も得られない"

スヌーピー

Way of Life

生 き 方

この毛布を君と分かち
合おうなんて言ったお
ぼえはないけど…

でも君が暖かくて
ほわほわしている
のは認めるよ…

パーティは持ち寄りで…

"LIFE IS TOO SHORT
NOT TO LIVE IT UP A LITTLE!"

Snoopy

"人生は短いんだ、少しは楽しまなきゃ！"

スヌーピー

"IT'S MY LIFE,
AND I'M THE ONE
WHO HAS TO LIVE IT!!"

Lucy

"わたしの人生よ、
それを生きなきゃならないのはわたしよ !!"

ルーシー

"IT'S TERRIBLE TO GO THROUGH LIFE
WISHING YOU WERE SOMETHING ELSE."

Charlie Brown

"自分以外の人間になりたいと願いながら、
人生を送るのは耐え難い"

チャーリー・ブラウン

"OH, WELL . . .
I LEARNED A LONG TIME AGO
THAT IT'S NOT HOW YOU START,
IT'S HOW YOU FINISH . . ."

Peppermint Patty

"まあ、いいわ…大切なのはスタートじゃなくて、
フィニッシュだってことくらい昔から知ってるもの…"

ペパーミント パティ

Prudence
確　信

世界は一年に一度
太陽のまわりを回
ってるってここに
書いてある…

世界は太陽のまわ
りを回ってるんで
すって？

それ確か？

私のまわりを回っ
ているんだと思っ
てたわ！

"EVERYONE NEEDS TO HAVE HOPE . . ."

Snoopy

"だれにだって希望は必要だ…"

スヌーピー

"IF I'VE TOLD YOU **ONCE**,
I'VE TOLD YOU A **HUNDRED** TIMES
. . . NO!"

Charlie Brown

"**1回**いっても**100回**いっても
ノーの意味はノーだよ！
…ノー！"

チャーリー・ブラウン

"ACTUALLY, YOU'RE VERY NECESSARY . . ."

Snoopy

"ほんとのところ、きみはすごく必要とされてる…"

スヌーピー

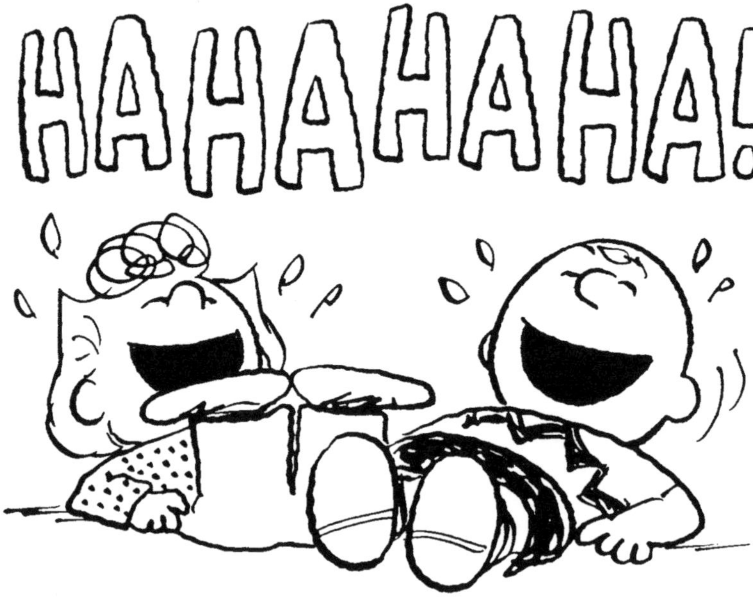
HAHAHAHA!

"I LOVE THOSE OLD MEMORIES!"

Charlie Brown

"過ぎた思い出って楽しいね！"

チャーリー・ブラウン

"YOU'RE WEIRD, SIR,
BUT YOU'RE A LOT OF FUN."

Marcie

"先輩って変わり者だけどすごく楽しいです"

マーシー

Advice
助 言

犬がひざで眠ってて、動くと
目を覚ますから、電話には出
られないって言ってくれよ…

人生はどんどん楽に
なってくなあ…

"THE WHOLE TROUBLE WITH YOU IS
THAT YOU DON'T BELIEVE IN YOURSELF!
YOU DON'T BELIEVE
IN YOUR OWN ABILITIES!"

Lucy

"あなたのいけない所はね
自分を信じないことよ！
自分の能力を信じてないのよ！"

ルーシー

"YOU CAN'T SOLVE A PROBLEM
JUST BY THROWING MONEY AT IT..."

Charlie Brown

"金を注ぎこめば問題が解決するって訳じゃない…"

チャーリー・ブラウン

"YOU CAN'T RUN YOUR LIFE
BY BEING AFRAID OF SOMETHING
THAT'S NEVER GOING TO HAPPEN. . ."

Lucy

"絶対に起こりもしないことを恐れて、
人生をダメにしちゃいけないわ…"

ルーシー

"AND REMEMBER,
ALL WE'RE TAKING WITH US
ARE THE NECESSITIES OF LIFE!"

Snoopy

"生きるのにどうしても必要なものだけを
もっていくんだ、分かったな！"

スヌーピー

"MANAGEMENT ISN'T MUCH FOR
TAKING SUGGESTIONS."

Rerun

"管理職ってのは提案をきこうとしないもんなんだ"

リラン

Happiness
幸　福

聞こえたかい、
感謝祭は終わっ
たよ…もう出て
きていいよ

"ONE OF THE GREAT JOYS IN LIFE IS
DINNER AND GOOD CONVERSATION. . ."

Snoopy

"人生の最高の楽しみのひとつは晩ごはんといい会話だね…"

スヌーピー

"THERE'S NOTHING LIKE THE FEELING
THAT YOU'RE REALLY WANTED!"

Charlie Brown

"ほんとうに必要とされているってのは
いい気持ちのもんだね！"

チャーリー・ブラウン

"HAPPINESS SHOULD BE SHARED!"

Linus

"幸福はわかちあえというものね！"

ライナス

"SEE? WITH ME AROUND,
EVERYONE IS A LOT HAPPIER!"

Lucy

"ね？わたしがいれば
みんなうんと幸せになれるのよ！"

ルーシー

Daily Life
日 常

40対ゼロだった！
それであきらめた
か？ノーだ！

我々には「あきら
める」なんて言葉
は意味がない！

「あきらめる…やめ
ること、継続しない
こと」

試合に負けたおかげ
で「あきらめる」と
いう言葉の意味を学
べたぞ！

"I ONLY DREAD ONE DAY AT A TIME!"

Charlie Brown

"心配するのは一回に一日分だけってきめたのさ！"

チャーリー・ブラウン

"I ALWAYS WORRY
ABOUT THE WRONG THINGS."

Charlie Brown

"ぼくはいつも見当はずれのことを心配するんだ"

チャーリー・ブラウン

"FORGET IT!
I NEVER EAT ANYTHING
THAT HAS TO BE EXPLAINED."

Snoopy

"やめとくよ！
ぼくは説明されなきゃいけないものは食べないんだ"

スヌーピー

"ONE OF THE HARDEST THINGS TO DO
IS TO CHANGE DOCTORS. . ."

Charlie Brown

"医者を変えるってのは人生の難事のひとつだね…"

チャーリー・ブラウン

Relationship

人 間 関 係

この夏の計画を立て
たほうがいいと思う
かい、チャーリー・
ブラウン？

そうだね、人生の秘訣
は良き計画にありって
いうからね…

ぼくは今夜はコヨー
テにとられる前に素
早く晩ご飯を食べる
計画だ…

"THE QUESTION IS. . .
HOW DO YOU TELL THE PHONIES
FROM THE REALIES?"

Lucy

"問題は…どうやって偽善者と真善者を見分けるか？
ということなの"

ルーシー

"IF YOU'RE GOING TO SHOW
INTEREST IN OTHER PEOPLE,
YOU HAVE TO ASK QUESTIONS. . ."

Linus

"もし誰かに興味があるなら、
いろいろ訊かなきゃ…"

ライナス

"HARD TO EXPLAIN HOW THE HUMAN MIND WORKS, HUH, MA'AM?"

Peppermint Patty

"人間の心がどう働くか、説明はむずかしいですね、先生？"

ペパーミント パティ

"THERE REALLY IS NOTHING MORE ATTRACTIVE THAN A NICE SMILE."

Charlie Brown

"気持ちいい笑顔ほど魅力的なものはないな"

チャーリー・ブラウン

A PERSON JUST HAS TO LEARN
TO DEVELOP SELF-CONTROL. . ."

Linus

" 人間は自分をおさえることを学ばなくちゃ…"

ライナス

"I WAS WONDERING THOUGH,
IF I SHOULD GET A SECOND OPINION. . ."

Charlie Brown

"でも、少し違った意見もきかないとね…"
チャーリー・ブラウン

"MAYBE YOU SHOULD JUST CALL HER ON THE PHONE. . ."

Snoopy

"電話をかけるほうがよさそうだね…"

スヌーピー

Love
愛

同時にふたりの子を
愛することなんて可
能かなあ…

クッキーがふたつあったの
を思い出すよ…チョコチッ
プとピーナッツ・バターで
ね…ぼくはふたつとも愛し
たよ…

"FINE WORDS BUTTER NO PARSNIPS."

Snoopy

「口先ばかりの優しい言葉は何の役にも立たない」

スヌーピー

"ONE SIDE IS FILLED WITH HATE AND
THE OTHER SIDE IS FILLED WITH LOVE. . ."

Lucy

"片側にはにくしみ　もう片側には愛がつまってるの…"

ルーシー

"I WANT TO BE ALL LOVE!"

Linus

"全部愛でなきゃ！"

ライナス

"IT'S EITHER THE FLU OR LOVE. . .
THE SYMPTOMS ARE THE SAME. . ."

Snoopy

"インフルエンザでなきゃ恋さ…
症状は同じだ…"

スヌーピー

"OH, NO, I DON'T THINK
THE PRICE HAS ANYTHING
TO DO WITH LOVE."

Charlie Brown

"ちがうよ、値段は愛と関係ないと思うな"

チャーリー・ブラウン

"ALL I WANT IS FOR EVERYONE
TO HAVE PEACE, JOY AND LOVE."

Sally

"わたしの望むのは万人の平和と喜びと愛だけ"

サリー

"IF I DON'T LOVE YOU NOW, HOW CAN I LOVE YOU WHEN YOU'RE OLD AND GRAY?"

Schroeder

"もし今愛していないなら、
年とって白髪になったきみを愛せるはずないだろ？"

シュローダー

Life's Little Quirks

生きる味わい

どうしてかな…日が
沈むのを見てるとい
つも悲しくなる…

クッキーの最後の
ひとつを食べた時
みたいにね…

"I NEVER KNOW IF 'RIGHT NOW' MEANS 'RIGHT NOW' OR 'RIGHT NOW'..."

Snoopy

" '今すぐ' が '今' なのか 'すぐ' なのか、
分かったためしがないんだ…"

スヌーピー

"ANYONE WHO THINKS NEXT YEAR IS GOING TO BE BETTER THAN THIS YEAR IS CRAZY!"

Lucy

"来年が今年よりよくなるなんて考えてる人は
みんなどうかしてるわ！"

ルーシー

"EVERYTHING'S WRONG!
I DON'T KNOW HOW I PUT UP WITH IT!
AND IT'S GETTING WORSE!
IT'S GETTING WORSE ALL THE TIME!"

Lucy

"何もかも間違っているわ！どうやって我慢すればいいの！
ますます悪くなるわ！たえまなく悪くなる！"

ルーシー

122

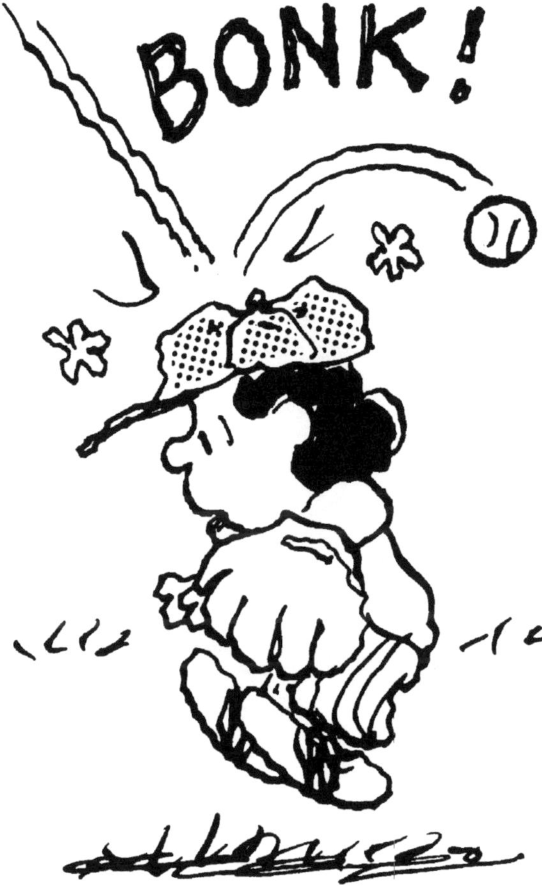
BONK!

"WHY DO THEY ALWAYS HAVE TO SAY, 'YOU KNOW WHAT I'M SAYING?'"

Snoopy

"人間はどうしていつも '言う意味分かる？'
って言わなきゃならないんだい？"

スヌーピー

"WHO KNOWS?
WE LIVE IN A STRANGE WORLD,
DON'T WE?"

Lucy

"分かるはずないでしょ？
訳分かんない世界に生きてるんだものね？"

ルーシー

新版　スヌーピーたちの人生案内 2

2023年1月20日　第1刷発行
2023年2月28日　第2刷発行

著　者　チャールズ・M・シュルツ
訳　者　谷川俊太郎
発行者　平野健一
発行所　株式会社 主婦の友社
　　　　〒141-0021
　　　　東京都品川区上大崎 3-1-1 目黒セントラルスクエア
　　　　電話 03-5280-7537（編集）03-5280-7551（販売）
印刷所　図書印刷株式会社

ISBN978-4-07-453753-2
Printed in Japan

Ⓡ〈日本複製権センター委託出版物〉
本書を無断で複写複製（電子化を含む）することは、著作権法上の例外を除き、禁じられています。本書をコピーされる場合は、事前に公益社団法人日本複製権センター（JRRC）の許諾を受けてください。また本書を代行業者等の第三者に依頼してスキャンやデジタル化することは、たとえ個人や家庭内での利用であっても一切認められておりません。
JRRC〈https://jrrc.or.jp eメール：jrrc_info@jrrc.or.jp 電話：03-6809-1281〉

◆本書の内容に関するお問い合わせ、また、印刷・製本など製造上の不良がございましたら、主婦の友社（電話03-5280-7537）にご連絡ください。
◆主婦の友社が発行する書籍・ムックのご注文は、お近くの書店か主婦の友社コールセンター（電話0120-916-892）まで。
＊お問い合わせ受付時間　月〜金（祝日を除く）9：30〜17：30
主婦の友社ホームページ　https://shufunotomo.co.jp/